SOCIÉTÉ D'ANTHROPOLOGIE DE LYON

Séance du 12 avril 1902

LES

FORMULES SPÉCIFIQUES

REPRÉSENTATIVES

DES LOIS DE L'HÉRÉDITÉ

PAR

M. FENIZIA

Professeur à l'école technique de Modica (Sicile).

SOCIÉTÉ D'ANTHROPOLOGIE DE LYON

Séance du 12 avril 1902

LES

FORMULES SPÉCIFIQUES

REPRÉSENTATIVES

DES LOIS DE L'HÉRÉDITÉ

PAR

M. FENIZIA

Professeur à l'école technique de Modica (Sicile).

SOCIÉTÉ D'ANTHROPOLOGIE DE LYON

Séance du 12 avril 190?.

LES
FORMULES SPÉCIFIQUES
REPRÉSENTATIVES
DES LOIS DE L'HÉRÉDITÉ

Dans un travail précédent [1], j'ai donné une formule générale mécanique et physiologique de l'hérédité, entendue dans sa large compréhension. Ce nouveau travail que je présente aujourd'hui

---

[1] *Cfr.* « La formule mécanique et physiologique de l'hérédité par le professeur Charles Fenizia » *Archives provinc. des sciences,* t. II, nº 9, juillet 1900, Paris.

Dans ce travail, j'avais développé la formule suivante des lois de l'hérédité qu'il est nécessaire de connaître pour comprendre le mémoire actuel.

$$F = \underbrace{\frac{el\ \sigma'}{N} + \frac{(el\ \varphi\ -\ ep)}{N}}_{\substack{I \\ \text{Caract. des par. imméd.}}} + \underbrace{\frac{el\ at\ \sigma'}{x} + \frac{el\ at\ \varphi}{x}}_{\substack{II \\ \text{Caract. ataviques.}}}$$

$$+ \underbrace{\frac{m.\ acq\ \sigma'}{x} + \frac{m.\ acq.\ \varphi}{x}}_{\substack{III \\ \text{Caractères acquis}}}$$

ce qui signifie : Fils = éléments paternels + éléments maternels (moins les corps polaires + éléments ataviques paternels + éléments ataviques maternels + modifications acquises paternelles + modifications acquises maternelles.

peut être considéré comme le complément du premier, par ce que partant de la formule générale, j'ai voulu déterminer les formules relatives à chaque loi de l'hérédité, de manière qu'elles soient *représentatives* du phénomène réel. Ces formules sont très utiles pour étudier les phénomènes héréditaires, en étant le symbole des divers groupes de faits mécaniques et physiologiques qui ont lieu avec différentes intensité et mesure dans les cas de transmission héréditaire.

Mes formules peuvent être considérées comme développées de la formule générale, qui considère la progéniture comme une donnée fixe, c'est-à-dire une entité composée par une quantité déterminée de caractères appartenant aux parents, pris ensemble et réunis en trois groupes ; le *premier*, des caractères des parents immédiats ; le *second*, des caractères des aïeux en général ; le *troisième*, des caractères acquis séulement par les parents (père et mère). On analyse ainsi les différentes séries qualitatives et quan-

Cette manière d'énoncer, comme on voit, permet de réunir en trois groupes distincts les différents caractères ;

Premier groupe : caractères des parents immédiats et aussi des aïeuls très voisins ; *Deuxième groupe*, caractères ataviques proprement dits de l'entière série des ancêtres ; *Troisième groupe*, caractères acquis, c'est-à-dire les variations fortuites et immédiates qui modifient les mouvements plastidulaires.

. Dans le même travail je disais, en outre, que cette notation peut servir à la représentation hypothétique, *d'une manière absolument conventionnelle*, de la proportion numérique des caractères, pour obtenir ainsi l'exposition arithmétique des *modalités* sans limites des cas qu'on observe dans la transmission héréditaire. Par exemple, je donnais la notation numérique de *néogénèse*, entendue d'après Canestrini [1], ainsi conçue :

$$F = \frac{el\ \sigma}{13} + \frac{(el\ \female - c\rho)}{9} + \frac{el\ at\ \sigma}{70} + \frac{el\ at\ \female}{5} + \frac{m\ acq\ \sigma}{3} + \frac{m\ acq\ \female}{0} = 100$$

Dans ce cas, *numériquement imaginaire*, nous avons une abondance prédominante des caractères ataviques du père (70).

[1] Voir *Archiv. per l'Antrop. e l'Etnologia*, Vol. I, Firenze 1871 et Vol. III, 1873; Canestrini, *La Teoria dell' Evoluzione*, Torino 1887, p. 51 et suivantes.

titatives de tels caractères fournis par les deux parents, lesquels, sommés, constituent les qualités propres à un nouvel individu né par la fusion mécanique de l'ovule et du némasperme. Donc, on partait du fils, entendu comme total, en supposant connues les données de la somme.

Dans ces autres formules, au contraire, la base est *la manière d'union ou mieux de se sommer des caractères paternels et maternels pour arriver à ce que pourra et devra contenir la progéniture*. Dans ce cas nous partons de données certaines, les quelles sont proprement *tous* les caractères des parents contenus en potentiel dans les deux *plasmas* sexuels.

On procède, en conséquence, avec un système qu'on peut dire inverse de la formule générale, parce que pour exposer comment a lieu la fusion des deux caractères dans le fils on doit, d'avance, analyser et symboliser tous les caractères du père et de la mère. En répétant à l'infini une pareille succession on obtiendra une for- mule continue, dans laquelle, en supposant variables en quantité et en qualité les caractères, nous aurons toutes les variétés possibles de fusion et d'apparition des caractères héréditaires. Le fils, donc, est considéré comme *une donnée variable qui est déterminée par la somme réelle des éléments paternels et maternels*, les- quels, pour chaque loi, présentent des modalités particulières dans leur manière d'union ou *nuances*; c'est un phénomène s'appuyant sur des faits mécaniques de la fécondation [1]. Et c'est ce que nous représentent les formules dont nous parlons. Elles sont une repré- sentation matérielle du phénomène de la reproduction, soit méca- nique, soit physiologique. En outre ces formules sont qualitatives et quantitatives ; c'est-à-dire, d'une part, elles donnent la synthèse du fait matériel de l'hérédité, de l'autre le phénomène physiologi- que, en vertu desquels, sous l'action d'influences que la biologie a à peine entrevues, certains caractères sont transmis ; des autres ne passent pas dans l'organisme, et, d'autres encore sont transmis à l'état latent. Les formules considèrent le côté positif du phéno- mène, par ce qu'elles l'étudient dans sa réalisation. Le côté négatif

---

[1] Je renvoie à mon travail sus-mentionné.

on peut l'entendre, en appliquant la même formule, prise dans le sens de *non transmission*.

En conclusion, je considère les lois particulières de l'hérédité conservative et progressive comme des théorèmes d'*algèbre biologique* et je les énonce en deux formules, une première simple ou de valeur expositive, et une seconde développée ou de valeur démonstrative, de manière que cette dernière est la formule complète dans toutes ses parties.

Exposer ainsi les phénomènes héréditaires est très avantageux. Cette manière de considérer *algébriquement* les lois héréditaires, quoi qu'elle n'ait rien à faire avec l'algèbre proprement dite, adopte néanmoins des quantités qui sont les symboles des groupes de caractères réels contenus en puissance par le némasperme, ou le père, et l'ovule, ou la mère. Pour ce qui concerne la qualité effective et la quantité de ces groupes dont la manifestation est possible dans le total, ou le fils, je renvoie encore le lecteur au mémoire précédent, parce que je crois bien inutile de répéter ce que j'ai déjà dit. Il est bon d'avertir une dernière fois que ce travail ne peut pas être bien compris, sans avoir lu mon mémoire sur la formule générale de l'hérédité. On y trouvera une large exposition sur le processus mécanique de la transmission héréditaire, et il faut le lire pour bien comprendre mes idées.

Comme je considère le père et la mère développés dans leur caractères transmissibles aux fils, il serait nécessaire de reproduire dans chaque formule développée toutes les expressions des groupes de caractères qui leur appartiennent ; mais pour abréger, j'exposerai ce groupe seulement dans la première formule, ce qui suffira. Pour les formules suivantes, on peut se reporter à la première, car j'estime inutile de répéter toujours la même chose, c'est-à-dire la notation des simples caractères paternels et maternels.

Il est très nécessaire, aussi, de se souvenir qu'ici nous ne manions pas des chiffres, mais des symboles qui constituent des formules *biologiques*, lesquelles représentent toutes les combinaisons réalisables dans la transmission héréditaire.

Les symboles des caractères que j'emploie sont au nombre de cinq :

c, caractères immédiats, ou caractères qui appartiennent exclusivement aux parents et aïeuls très voisins (grand père, grand'mère, frères du père, de la mère, etc.)

a, caractères ataviques de l'entière série, jusqu'aux aïeux très reculés qui peuvent avoir encore de l'influence dans la transmission et qui paraîtront constamment en quantités variables dans la progéniture.

aq, caractères acquis, c'est-à-dire toutes les variations acquises par les deux parents et capables d'être transmises aux fils. Au de là des parents ces caractères ne peuvent pas être considérés comme acquis.

s, caractères sexuels primaires et secondaires des deux sexes.

al, caractères ataviques latents, groupe qu'on distingue de celui des caractères ataviques proprement dits à cause de leur transmission cachée (latente).

Les signes accessoires dont il convient de faire usage sont les suivants :

p, père (on entend aussi le némasperme)

m, mère (on entend aussi l'ovule)

Ces deux signes s'ajoutent aux symboles c, a, aq, pour en indiquer la sexualité. Par exemple : cp, aqm, cm, etc.

Aux symboles s, al et à F (fils) on met ♂ (mâle) et ♀ (femelle).

Le potentiel qualitatif, c'est-à-dire l'inconnue qui concerne la *qualité* des caractères qui paraîtront en F, est indiqué par n, inscrit en haut et à droite des symboles ; exemple :

$$aqp^n$$

Le potentiel quantitatif, ou l'inconnue du *nombre* des caractères est indiqué par x, écrit comme dénominateur au symbole ; exemple :

$$\frac{am^n}{x}$$

Les corps polaires ou directionnels qui emportent une partie de la substance de l'ovule, et par conséquent des caractères qui dans ce cas ne paraîtront pas en F, on les note par le signe cd, (voir mon travail précédent).

$$\frac{c\,d^{\,\mathrm{n}}}{x}$$

pour indiquer qu'ils emportent une quantité et une qualité inconnues des caractères du *plasma* maternel. Ce signe accompagne toujours les notations, parce qu'il indique un phénomène qui ne manque jamais dans la génération sexuelle ordinaire ; il manque dans la formule de la génération alternante avec parthénogenèse.

**

Les lois de l'hérédité que j'ai réduites en formules sont au nombre de huit, et chacune s'énonce brièvement, comme un théorème. Le premier groupe : *lois de l'hérédité dite conservative* est composé par quatre lois-théorèmes :

1° *Hérédité continuée* : Dans la plupart des organismes vivants, une génération est, dans l'ensemble, semblable à l'autre suivante, et cela se continue à l'infini. En somme, les parents sont semblables aux fils et aux aïeux.

2° *Hérédité interrompue ou latente.* — Les fils ne sont pas égaux, dans l'ensemble ou en partie, au père et à la mère, et ils reproduisent un ou plusieurs groupes de caractères propres d'aïeux voisins ou lointains. Cette loi comprend deux lois secondaires :

a) Les fils sont plus ou moins dissemblables des parents et ils possèdent un ou plusieurs groupes de caractères ataviques, qui paraitront en eux avec plus ou moins de constance *(Atavisme)*.

b) Les parents produisent des fils dissemblables soit par les caractères somatiques, soit par les caractères physiologiques; ces fils, après un cycle plus ou moins long de générations, produisent une progéniture qu'est dissemblable, mais semblable à la première paire de parents *(Métagenèse)*.

3° *Hérédité sexuelle.* — Chaque sexe transmet à ses descendants du même sexe certains groupes de caractères qui ne sont pas transmis aux descendants du sexe différent.

4° *Hérédité mixte.* — Chaque organisme procréé par voie sexuelle, reçoit des groupes variables de caractères qui lui sont transmis par les deux parents. C'est aussi la loi de l'*Hybridisme*.

Le deuxième groupe, *lois de l'hérédité progressive*, se compose aussi de quatre lois-théorèmes.

1° *Hérédité acquise ou adaptée.* — Sous l'action de circonstances déterminées, un organisme peut transmettre à ses descendants des caractères qu'il a pu acquérir *pendant sa vie.*

2° *Hérédité constituée ou fixée.* — Les caractères acquis par un organisme pendant sa vie seront plus sûrement transmis à sa progéniture, lorsque les causes de cette modification agissent pendant un temps suffisamment long.

3° *Hérédité homochrone.* — Un caractère d'un organisme tend à paraître dans sa progéniture au même âge auquel il parut en lui.

4° *Hérédité homotope.* — Un caractère d'un organisme tend à paraître dans sa progéniture au même lieu, dans lequel il le possédait.

Je fais observer que ces lois, dans la nature, s'entrelacent les unes avec les autres, en donnant lieu à des combinaisons infinies ; mais nous étudierons isolément les formules respectives, sans tenir compte de leurs réciprocités.

Nous passons maintenant à exposer le

J. GROUPE DE FORMULES
LOIS DE L'HÉRÉDITÉ CONSERVATRICE
Première Loi. — Hérédité continuée

Enonciation : *Dans la plupart des organismes vivants, une génération est, dans l'ensemble, semblable à la suivante, et cela se continue à l'infini. En somme, les parents sont semblables aux fils et aux aïeux.*

En énonçant la formule de cette loi, je prends comme données fondamentales P et M correspondant aux deux plastides sexuels, *e*, considérés, de là, comme possesseurs potentiels de tous les groupes de caractères spécifiques ; c'est-à-dire, les caractères d'un sexe sont considérés isolés et non en relation avec l'entière série atavique. Bref, ces caractères sont envisagés du côté de la transmission mécanique.

En supposant une génération A qui produit la génération fille B, nous aurons.

$$\text{Gén. A}; \ P + M = \begin{cases} F \ \sigma^{'} \ (P') \\ F \ \female \ (M') \end{cases}$$

$$\text{Gén. B}; \ P' + M' = \begin{cases} F \ \sigma^{'} \ (P'') \\ F \ \female \ (M'') \end{cases}$$

C'est la formule simple. La génération C est donnée par P″ et M″, qui font poursuivre la série à l'infini. La génération B est représentée par P′ en union sexuelle avec M′, non considérée leur consanguinité étroite. Dans la nature, des éléments étrangers peuvent intervenir.

P se décompose dans les groupes de caractères suivants :

$$P \ (cp, \ aqp, \ ap, \ sp)$$

De même M en

$$M \ (cm, \ am, \ aqm, \ sm)$$

En additionnant ces groupes, en leur ajoutant les inconnues qualitatives et quantitatives, nous obtiendrons la formule développée

$$\text{Gén. A}; \ P + M = \left[\left(\frac{cp^n + cm^n}{x} \right) + \left(\frac{ap^n + am^n}{x} \right) \right.$$
$$\left. + \left(\frac{aqp^n + aqm^n}{x} \right) - \frac{cd^n}{x} \right] + \begin{cases} sp = F \sigma^{'} \ (P') \\ sm = F \female \ M') \end{cases}$$

En répétant la formule avec P′ et M′, on entend qu'on obtient la génération B et ainsi de suite. Cette formule, il faut s'en souvenir, se rapporte à la génération sexuelle et à la transmission de tout caractère. En conséquence, elle comprend en soi les autres et, de là, les lois. Toutes les expressions comprises entre les parenthèses droites [ ] indiquent les groupes de caractères qui sont sujets très facilement à ne pas se manifester *in toto* ou en partie. Il faut soustraire *cd*, parce que les corpuscules polaires, comme nous l'avons dit, peuvent enlever des caractères au *plasma*.

DEUXIÈME LOI. — **Hérédité interrompue ou cachée**

ÉNONCIATION : *Les fils ne sont pas égaux, dans l'ensemble ou en partie, au père et à la mère, et ils reproduisent un ou plusieurs groupes de caractères propres d'aïeuls voisins ou lointains.*

LOI SECONDAIRE A : Les fils sont plus ou moins dissemblables des parents et ils possèdent un ou plusieurs groupes de caractères ataviques, qui paraissent en eux avec plus ou moins de constance. C'est ce qu'on nomme l'*Atavisme*.

En supposant P^A et M$_A$ les deux parents qui initient une génération, nous aurons :

$$\text{Gén. A ; } P^A + M^A = \Big\langle \begin{array}{l} F\ \male\ (P^{A'}) \\ F\ \female\ (M^{B'}) \end{array}$$

M^B reproduit des caractères d'un aïeul quelconque, que nous appellerons B, de P^A ou M^A. Et si M^B est fécondé par un élément étranger, soit P^C, nous aurons la

$$\text{Gén. B ; } M^B + P^C = \Big\langle \begin{array}{l} F^A\ \male\,(P^{A''})\ \text{ou}\ (P^{C'}) \\ F^C\ \female\ (M^{C'})\ \text{ou}\ (M^{A''}) \end{array}$$

Avec cette formule, on peut comprendre toutes les combinaisons possibles d'atavisme.

En développant la formule avec l'entière série des symboles des caractères, y compris $al\,\male$ ou $al\,\female$, nous obtiendrons la formule développée de l'atavisme, c'est-à-dire

$$P + M = \left[\left(\frac{cp^n + cm^n}{x} \right) + \left(\frac{ap^n + am^n}{x} \right) + \left(\frac{al\male^n + al\,\female^n}{x} \right) \right.$$
$$\left. - \frac{cd^n}{x} \right] + \Big\langle \begin{array}{l} sp = F\ \male\ (P') \\ sm = F\ \female\ (M') \end{array}$$

Mais P$'$ et M$'$ se résolvent en

$$\left(\frac{cp^n + cm^n}{x} \right)$$
$$+ \Big\langle \begin{array}{l} \left[\left(\frac{ap^n + am^n + al\male^n + al\,\female^n}{x} \right) - \frac{cd^n}{x} + \left(\frac{aqp^n + aqm^n}{x} \right) \right] \\ \left[\left(\frac{ap^n + am^n + al\male^n}{x} \right) + \left(\frac{aqp^n + aqm^n}{x} \right) - \frac{cd^n}{x} \right] \\ \left[\left(\frac{ap^n + am^n + al\,\female^n}{x} \right) - \frac{cd^n}{x} + \left(\frac{aqp^n + aqm^n}{x} \right) \right] \end{array}$$

Cela veut dire que en P$'$ et M$'$ peuvent se vérifier ces trois cas représentés symboliquement ; ou transmission mixte de $al\male$ et $al\,\female$; ou $al\male$ seuls ; ou de $al\,\female$ seuls.

LOI SECONDAIRE B : Les parents produisent des fils dissemblables, soit par caractères somatiques, soit par caractères physiologiques ; ces fils, après un cycle, plus ou moins long de généra-

tions, produisent une progéniture qui est dissemblable, mais semblable à la première paire de parents. C'est ce qu'on nomme *Métagenèse.*

La formule simple générale de cette loi secondaire, en suivant,
par exemple, quatre générations, se représente ainsi :

Gén. A ; $P + M = F\,♀$

Gén. B ; $F\,♀ = F\,♀\,', \ F\,♀\,'', \ F\,♀\,''', \ F\,♀\,''''$

$$\text{ou } F\,♀ \ \infty \left\langle \begin{matrix} F\,♂\ (P') \\ F\,♀\ (M') \end{matrix} \right.$$

Gén. C ; $P' + M' = F\,♀^{\,a}$

Gén. D ; $F\,♀^{\,a}, = F\,♀^{\,a'}; \ F\,♀^{\,a''}, \ F\,♀^{\,a'''}, \ F\,♀^{\,a''''}$

$$\text{ou } F\,♀^{\,a} \ \infty \left\langle \begin{matrix} F\,♂^{\,aa}(P'') \\ F\,♀^{\,aa}(M'') \end{matrix} \right.$$

La génération A est égale à C, et B à D. Ces derniers sont par-
thénogénitiques. Dans le développement de cette formule, l'inconnue qualitative subsiste seulement dans la génération sexuelle,
mais elle est d'une extension, d'une signification bien plus réduite
à cause de la limitation des groupes de caractères qu'elle indique.

Les corps polaires, enfin, dans les générations parthénogéné-
tiques, s'ajoutent, pour ce qui concerne le phénomène mécanique,
aux autres parties du plasma. Ils ont une grande importance dans
ce cas.

Voilà la formule développée :

$$\text{Gén. A ; } P + M = \left[\left(\frac{cp^n + cm^n}{x} \right) + \left(\frac{ap^n + am^n}{x} \right) \right.$$
$$\left. + \left(\frac{aqp^n + aqm^n}{x} \right) - \frac{cd^v}{x} \right] - sp + sm = F\,♀.$$

$$\text{Gén. B, B', B'', etc.; } F\,♀ - F\,♀\,' \left(F\,♀\ + \frac{aq^n}{x} + cd \right)$$

$$= F\,♀\,'' \left(F\,♀\,' + \frac{aq^n}{x} + \frac{aq^{n'}}{x} + cd \right) \text{ et ainsi de suite jusqu'à } F\,♀\,\infty$$

En supposant que les générations agamiques se soient arrêtées
à $F\,♀^{\,x}$, nous aurons ainsi le retour à la réforme sexuée.

$$F\,♀^{\,x} \left(F\,♀^{\,ix} + \frac{aq^{n,\ n',\ n'',\ n'''\ \ldots\ nix}}{x\ \ x'\ x''\ x'''\ \ldots\ nix} \right) + cd = \left\langle \begin{matrix} F\,♂\ (P') \\ F\,♀\ (M') \end{matrix} \right.$$

On emploie une série de *aq*, c'est-à-dire $aq^{n', n''}$, etc., pour indiquer que chaque génération parthénogénétique peut acquérir de nouveaux caractères et les transmettre à la génération suivante. On comprend qu'il est possible d'adopter cette formule à toutes les différentes formes de la métagenèse.

TROISIÈME LOI. — Hérédité sexuelle.

ENONCIATION: *Chaque sexe transmet à ses descendants du même sexe certains groupes de caractères, qui ne sont pas transmis aux descendants du sexe différent.*

La formule simple correspond à celle de la première loi. Et en égard à *sp ed sm* dans la génération B :

$$P' = P \; ; \; M' = M$$

La formule développée est la suivante :

$$P + M = \left[\left(\frac{cp^n + cm^n}{x} \right) + \left(\frac{ap^u + am^n}{x} \right) \right.$$
$$\left. + \left(\frac{aqp^u + aqm^n}{x} \right) - \frac{cd^n}{x} \right] + \text{sp} = F \; \male \; (P')$$

Avec la substitution de *sm* à *sp* on obtient F $\female$ (M').

Cette formule est importante par ce que nous pouvons en dériver la formule de l'hermaphroditisme en général. En effet, si on ajoute à *sp* et *sm* les inconnues qualitatives et quantatives (n, x) et si on indique l'individu hermaphrodite par $\hermaphrodite \, x \, n$, ce qui signifie la superposition en gradation illimitées des caractères des deux sexes, nous aurons :

$$P + M = \left[\left(\frac{cp^n + cm^n}{x} \right) + \left(\frac{ap^u + am^n}{x} \right) \right.$$
$$\left. + \left(\frac{aqp^u + aqm^n}{x} \right) - \frac{cd^u}{x} \right] + \frac{sp^n}{x} + \frac{sm^n}{x} = 7 \, \hermaphrodite \, xn$$

QUATRIÈME LOI. — Hérédité mixte.

ENONCIATION : *Chaque organisme procréé par voie sexuelle, reçoit des groupes variables de caractères qui lui sont transmis par les deux parents. C'est aussi la loi de l'Hybridisme.*

On représente par P et M deux individus de même *espèce* ou

race, et par *p* et *m* deux autres individus de race ou espèce diffé-
rente.

Donc :

$$\left.\begin{array}{c}\text{P} + m\\ p + \text{M}\end{array}\right\} = \left.\begin{array}{c}<\text{F}\sigma\\ \text{F}\mbox{\Large\bf Q}\end{array}\right\} = \left(\frac{\text{P}^n + m^n}{x}\right) \text{ ou } \left(\frac{p^n + \text{M}^n}{x}\right)$$

En développant la formule simple nous nous rendrons raison de
l'entrecroisement des caractères. Pour abréger, nous développe-
rons seulement ceux de F et non ceux de P ou *p*, M ou *m*. Je
renvoie pour cela à la formule de la première loi.

Donc :

$$\left(\frac{\text{P}^n + m^n}{x}\right) \text{ ou } \left(\frac{p^n + \text{M}^n}{x}\right) = \left[\left(\frac{cp^n + cm^n}{x}\right) + \left(\frac{ap^n + am^n}{x}\right)\right.$$
$$\left. + \left(\frac{aqp^n + aqm^n}{x}\right) - \frac{cd^n}{x}\right] + \left<\begin{array}{l}sp = \text{Hybride ou métis } \sigma\\ sm = \text{Hybride ou métis } \mbox{\Large\bf Q}\end{array}\right.$$

II. — GROUPE DE FORMULES

LOIS DE L'HÉRÉDITÉ PROGRESSIVE

PREMIÈRE LOI. — **Hérédité acquise ou adaptée**

ENONCIATION : *Sous l'action de circonstances déterminées
un organisme peut transmettre à ses descendants des caractères qu'il a pu acquérir pendant sa vie.*

La deuxième loi progressive, qui représente un degré plus haut
du phénomène contemplé par la loi de l'héridité acquise a une formule égale ; de là nous passons à énoncer cette deuxième loi et,
par suite, la formule commune.

DEUXIÈME LOI. — **Hérédité constituée ou fixée**

ENONCIATION : *Les caractères acquis par un organisme pendant sa vie, sont plus surement transmis à sa progéniture,
lorsque les causes de cette modification agissent pendant un
temps suffisamment long.*

On entend préalablement P ou M sans *aq* et *vice-versa* ; en
conséquence nos obtiendrons la formule commune aux deux lois
ainsi conçue :

$$P + M^{nq} \text{ ou } P^{aq} + M \left< \begin{array}{l} F \; \sigma^{\prime \, nq} \; (P^{aq\prime}) \text{ ou } F \sigma^{\prime} \; (P^{\prime}) \\ \\ F \varphi^{\, aq} \; (M^{ap\prime}) \text{ ou } F \; \varphi \; (M^{\prime}) \end{array} \right.$$

Dans le cas de transmission réelle on peut obtenir une ou plusieurs de ces combinaisons, qui, en outre, sont capables de s'entrelacer en diverses manières.

Il est bien inutile de donner la formule développée des quatre cas, comme exemple je développerai seulement la transmission de caractères acquis par la mère.

$$P \; (cp, \, ap, \, sp) + M^{aq} \; (cm, \, am, \, \mathbf{aqm}, \, sm) - cd =$$
$$\left[\left(\frac{cp^n + cm^n}{x} \right) + \left(\frac{aq + am^n}{x} \right) + \frac{\mathbf{aqm}^n}{x} - \frac{cd^n}{x} \right]$$
$$+ \left< \begin{array}{l} sp = F \; \sigma^{\prime \, aq} \\ sm = F \; \varphi^{\, aq} \end{array} \right.$$

Les notations dont il est facile de développer les formules des deux cas *positifs*, sont

$$M + P^{aq} = F^{aq}$$
$$P^{aq} + M^{aq} = F^{aq} \; \sigma^{\prime \, aq} \; \varphi$$

On comprend aisément que cette formule est une dérivation directe de celle de l'hérédité continuée ou première du premier groupe.

<h3>TROISIÈME ET QUATRIÈME LOI. — Hérédité homochrone et homotope</h3>

Ces deux lois sont réunies ensemble, car leur formule est égale ; seulement le signe de l'homochronie est t (temps) et de l'homotopie est l (lieu).

ÉNONCIATIONS : *Un caractère d'un organisme tend à paraître dans sa progéniture au même âge auquel il parut en lui.*

Un caractère d'un organisme tend à paraître dans sa progéniture au même lieu dans lequel il le possédait.

On prend, comme je l'ai dit, t pour signe qu'indique un ou plusieurs caractères capables de se développer en temps déterminés. De là, la formule simple sera ainsi conçue :

(1)

$$\left. \begin{array}{l} P + M^t \\ \text{ou } P^t + M \end{array} \right\} = F^t$$

Et pour les caractères d'une entière série d'organismes qui se développent avec de la constance à des époques déterminées, nous aurons.

(II)

$$P^t + M^t = F^{tt}$$

En étudiant un des cas de la formule I, on peut se représenter la formule développée d'un phénomène de transmission maternelle d'un caractère atavique qui paraît à une époque déterminée.

La voilà :

$$P + M^t = \left[\left(\frac{cp^n + cm^n}{x} \right) \left(+ \frac{ap^n + am^{tn}}{x} \right) \right.$$
$$\left. + \left(\frac{aqp^n + aqm^n}{x} \right) - \frac{cd^n}{x} \right] + \left< \begin{array}{l} sp = F\,\sigma^{t} \\ sm = F\,\female^{\,t} \end{array} \right.$$

Avec cette formule nous pouvons avoir l'expression symbolique du phénomène de la non-transmission de quelque caractère homochrone, sous l'action d'influences multiples.

Aussi, l'hérédité sexuelle est homochrone eu égard au développement de certains caractères primaires et secondaires du texte, et spécialement pour le temps dans lequel se développe l'activité des organes de la reprodution (puberté).

Cela est indiqué par cette formule :

$$P + M = \left[\left(\frac{cp^n + cm^n}{x} \right) + \left(\frac{ap^n + am^n}{x} \right) \right.$$
$$\left. + \left(\frac{aqp^n + aqm^n}{x} \right) - \frac{cd^n}{x} \right] + \left< \begin{array}{l} sp^t = F\,\sigma \\ sm^t = F\,\female \end{array} \right.$$

L'hérédité homotope a la même formule, avec la substitution de *l* (lieu) à *t*.

* *

Comme on le voit, moyennant ces formules il est possible d'exprimer graphiquement le *fait mécanique* de l'hérédité d'un caractère quelconque. Elles permettent de comprendre en peu de symboles les groupes des caractères les plus éloignés, et avec des signes surajoutés elles permettent d'avoir sous les yeux le tableau du rôle extrêmement important et compliqué de l'hérédité, une des bases de l'évolution organique.

R. Institut Technique de Modica (Sicile). Mai 1902.

Imp. A. Rev. Lyon. — 28700 A.